Rêve et Destin de l'Afrique

Dr. Rodney DANIEL

Rêve et Destin de l'Afrique

K&A.A Editions

Le graphisme et la couverture ont été
réalisés par Patricia P.

Dépôt légal : Novembre 2017

ISBN 978-2-9527009-6-2

Millibars de l'orage

N'apaisons pas le jour et sortons la
face nue face aux pays inconnus qui
coupent aux oiseaux leur sifflet,

Le guet-apens s'ouvre le long d'un
bruit de confins de planètes.

Ne fais pas attention aux chenilles
qui tissent souple mais seulement aux
millibars qui se plantent dans le mille
d'un orage à délivrer l'espace où se
hérissent le cœur des choses et la
venue de l'homme.

Rêve n'apaisons pas parmi les clous
de chevaux fous

un bruit de larmes qui tâtonne vers
l'aile immense des paupières.

Aimé Césaire

Rêve et Destin de l'Afrique

►◄

A mes ancêtres libérés ; à mes grands-parents afro-caribéens ; à mes parents ; à ma tribu ; à la génération future ; à notre Afrique indifférente à toutes les convoitises étrangères... Un jour tu renaîtras... La vérité n'a qu'un seul chemin : le temps !

►◄

Pour commencer !

L'Afrique ! Terre de toutes les convoitises. Terre de tous les sortilèges. Continent de toutes les spéculations. Une histoire pleine d'espérance et d'espoir. L'Afrique, un géant fragilisé par tant de conquêtes, riche, très riche, et pourtant. Les premières indépendances africaines ont eu lieu en 1847, lorsque les colons afro-américains signèrent la proclamation de l'indépendance du Libéria. Il faudra attendre des années plus tard pour que des pays français de l'Océan indien et de l'Afrique subsaharienne puissent, à leur tour, accéder à l'indépendance. Dès la fin de la période de la décolonisation en Asie, ce sont aux pays africains d'entrer dans la danse. D'abord, le Cameroun, puis le Ghana. Le Congo belge, le Nigéria et la Somalie prendront le train des indépendances cette même année (…).

En ce début du 3ème millénaire, la Chine devient le premier partenaire économique de l'Afrique. Est-ce aussi avantageux et stratégique pour les peuples de l'Afrique ? Est-ce que les décideurs économiques de l'Afrique parviennent à négocier avec la Chine qu'elle ouvre ses marchés aux produits manufacturés du continent ? Le caractère unilatéral des échanges commerciaux, avec la Chine ou tout autre partenaire, requiert le dépassement des obstacles. Certaines prévisions affirment que la part de l'Union Européenne dans le PIB mondial pourrait chuter sous la barre des 10% en 2050. Des pays émergents, en Afrique et en Asie, devraient voir leurs positions internationales confortées pour se hisser au rang de puissance économique mondiale. Ce qui est certain, et c'est même une évidence, c'est que le centre de gravité de l'économie mondiale continue, progressivement, de se déplacer, et tend à s'écarter des pays qui ont connu leurs heures de gloire. La suprématie d'une classe, d'un groupe, d'une nation, d'un empire, ne dure pas toute la vie. L'Europe a profité de plusieurs siècles de travail injustifié. Des millions d'Africains y travaillaient sans relâche pendant que ces nations développaient leurs industries, et affermissaient une hégémonie économique et militaire sans précédent. Le cycle de la vie évolue, et tout change dans la compression du temps. Mais bien avant cette échéance, l'Afrique aura gagné son pari en accomplissant sa grande révolution : infrastructurelle, techno-logique, environnementale, éner-gétique. L'Afrique dispose de tous les atouts, pour être au cœur de la mission de transformation, et ce, grâce aux nouvelles technologies qui se développent sur l'ensemble de ses territoires.

L'Afrique : première puissance économique dans peu de temps ! C'est le moment de changer de cap, de changer notre vision du monde, de changer nos pensées qui détermineront la qualité de notre avenir collectif. C'est l'heure d'amorcer le grand virage universel et historique. La révolution africaine est en marche.

De la renaissance africaine vers une réconciliation ifrikya-ante ilhas

De quelles souffrances l'humanité n'est-elle pas affligée parce qu'elle ne sait pas se réconcilier ?

Jean-Paul II

L'Afrique a émergé dans l'histoire de l'Humanité avec un projet d'union.

La célèbre palette à fard du Roi Narmer de la période prédynastique de l'Egypte Antique évoque l'unification des Deux Terres : le Sematawi, le pacte fondateur de l'Union des deux Royaumes. La Basse Egypte, ayant pour capitale Memphis, à la pointe du Delta du Nil, et la Haute-Egypte dont la capitale est

Thèbes. Ce premier gouvernement central fut établi entre l'an 3000 et 3200 av. J.C. A la tête de cette première unification historique, incarnant le premier gouvernement de l'Humanité, le roi Narmer, Soudanais d'origine Anous. Nous sommes au début de l'ère pharaonique et d'une organisation politique extraordinaire. Le premier magistrat, après le pharaon, est une femme, une Setkem, appelée la *tjaty*, l'équivalent d'un premier ministre actuel. La mission de cette *tjaty* finira par poser les fondements de l'organisation politique, économique, sociale et judiciaire du gouvernement de l'Egypte Antique, créant ainsi les « maisons » - préfiguration des ministères actuels -, le Trésor pour la collecte des impôts, les Kenbet (tribunaux), etc... Une véritable organisation politique humaine est mise en place. Dans l'ancien Empire égyptien, la MAÂT maintient l'équilibre originel et la justice qui permet d'agir conformément au droit. La MAÂT est le symbole de la vérité, de la droiture, du respect et de la préservation de l'équilibre cosmique. Elle est intrinsèquement liée à l'institution pharaonique. Le Pharaon incarne, légitimement, le sommet du système judiciaire égyptien. Il promulgue les lois, rend la justice et maintient l'ordre public dans toute l'Egypte. Il est le garant du bon fonctionnement politique de l'Egypte et de son unité.

L'Afrique, berceau de la civilisation et de l'humanité

Nous sommes à l'ère moderne. Lorsqu'il participa à Dakar au sommet de la Francophonie, l'ancien Président de la République Française, François Hollande, fit bien de rappeler cette richesse de l'Afrique. *« Je n'oublie pas que l'Afrique, c'est le berceau de l'humanité.*

C'est l'Afrique qui a fait notre propre histoire, l'histoire de l'humanité ». Et quelle histoire ! Surtout, quand on sait que le contentieux économique et historique est encore lourd de passif et que le pacte (colonial) de coopération impose un étranglement de nombreux Etats africains ! *« Sans l'Afrique, la France glisse au rang d'un pays du tiers monde...pour ne pas sombrer dans l'insignifiance économique »,* déclara l'ancien Président de la République Française, Jacques Chirac.

Du « Scramble for Africa » et de l'expansion coloniale Européenne à ce jour, cette domination a encore des répercussions ravageuses sur les anciennes colonies Françaises qui continuent de payer un très lourd impôt colonial à la France. *« Ensuite, c'est l'Afrique qui montre qu'elle va être le grand continent de l'avenir. Parce que c'est ici en Afrique que vont se produire les plus grandes évolutions ; démographie, qu'il va falloir maîtriser ; économiques, parce que c'est un continent plein de richesses et donc de potentialités de croissance ; et un enjeu pour l'expression du français. L'Afrique est non seulement dans l'histoire mais l'Afrique est, si je puis dire, aussi une partie de notre avenir ».*

L'Afrique, une partie de l'avenir de la France ! L'Afrique, une partie du triste passé de la France et de l'Europe. Si la démographie « Africaine » en Europe peut se maîtriser, la démographie propre à l'Afrique ne peut être efficacement maîtrisée. Elle doit être régulée et encadrée par l'intelligence et le bon sens de ses acteurs politiques et de ses nouveaux décideurs économiques, les constructeurs d'un tissu économique et social innovant. La démographie de l'Afrique, ce sont les acteurs du futur. Avec environ 2 milliards d'habitants en 2050, la démographie du continent Africain, qu'elle soit immédiate ou future, constitue la source de la main d'œuvre active dont le continent a besoin pour gérer lui-même son propre modèle de développement social et économique. *« Le continent africain ainsi représenté dans sa taille réelle, est aussi grand que les États-Unis, la Chine, l'Inde et une bonne partie de l'Europe additionnées. La superficie de l'Afrique englobe la Chine, les États-Unis, une bonne partie de l'Europe... »* (tempsreel.nouvelobs.com/rue89, de Pierre Haski, Décembre 2013). Si le continent est un géant de 30 millions de km², comptant une population actuelle de plus d'un milliard de personnes, il n'est pas étonnant que cette démographie croissante pose problème, non pas à l'Afrique elle-même, mais bien aux Occidentaux. Pourquoi ? Ce « dividende démographique » présente un enjeu avantageux pour l'Afrique, alors qu'il est un handicap pour l'expatriation ou la migration de la main d'œuvre occidentale. La préférence continentale devient une moins-value pour l'Occident. C'est particulièrement cette migration non-africaine qu'il convient de maîtriser et non l'inverse.

C'est aujourd'hui que se pose l'engagement des politiques, tel un défi majeur du nouveau millénaire africain. C'est un challenge qui ne laisse aucune place à l'absence de vision stratégique, surtout qu'il faudra compter avec une population africaine de 4,2 milliards d'habitants d'ici 2100. L'impact social et économique de cette démographie « économique » conditionne ce que certains experts appellent « la soutenabilité de l'émergence de l'Afrique ». En n'oubliant pas que la diaspora africaine en Europe et dans le monde constitue également « un acteur géopolitique du développement de l'Afrique ».

Cette vision de la démographie du continent participe au processus de la renaissance des nations africaines.

Des défis nombreux sont désormais lancés pour une renaissance de l'Afrique : défis culturels, historiques, politiques, civilisationnels, économiques, financiers et juridiques. Cette nouvelle naissance attire aussi bien les investisseurs que les peuples noirs disséminés sur les territoires de l'Outre-Mer, et dont le quart des océans fait office de zone exclusive pour la France. Soit une surface totale de 20 fois supérieure au territoire Français avec ses quelques 3 millions de personnes qui y vivent. Mais l'histoire ne s'arrête pas là !

Les grands défis d'une histoire post-douloureuse

Après le phénomène colonial européen du $16^{\text{ème}}$ siècle, la France devient un Etat-Nation au milieu du $19^{\text{ème}}$ siècle, et sa politique colonisatrice va se développer, principalement en Afrique, même si l'Asie ne fut pas épargnée par cette vague d'envahisseurs. La soif de conquête de l'Afrique fait naître de vives tensions entre les puissances européennes qui luttent et rivalisent pour s'imposer en Afrique. C'est, *in fine*, la conférence de Berlin du 26 Février 1885 qui précisera, dans son article 6, que « toutes *les puissances exerçant des droits de souveraineté ou une influence dans lesdits territoires s'engagent à veiller à la conservation des populations indigènes et à l'amélioration de leurs conditions morales et matérielles d'existence et à concourir à la suppression de l'esclavage et surtout de la traite des noirs. Elles protègent et favoriseront les institutions et entreprises religieuses, scientifiques ou charitables créées et organisées à ces fins ou tendant à instruire les indigènes et à leur faire comprendre et apprécier les avantages de la civilisation »*. Pour le colonisateur, cela signifie qu'il n'y a qu'une civilisation : celle des Européens, et toute l'Afrique, exception faite du Libéria et de l'Ethiopie, est férocement colonisée et dominée par les Européens.

Au 19ème siècle, l'Europe aussi connaît un développement démographique important. Environ 50 millions d'Européens vont essaimer vers les « pays neufs », parce que préoccupés par des profits rapides et l'exploitation des matières premières. Les colonies africaines sont des marchés potentiels, fournissant, et matières premières et main d'œuvre économiquement razziée ; même si certains discours, comme ceux de Jules Ferry, ont prôné la justification de la colonisation ; par exemple, l'idée d'apporter aux « races inférieures » (Noirs et/ou Asiatiques) de la bonne civilisation. « *Les races supérieures ont sur les races inférieures un droit qu'elles exercent, ce droit (…) est en même temps un devoir de civilisation* ». Au nom de quoi et au nom de qui ?

Avec l'arrivée des premiers Européens en Afrique, le choc est violent. Trois siècles d'esclavage et de trafic humain. De 12 à 15 millions d'Africains seront vendus dans les Amériques. 4 millions au Brésil. 4 millions dans les Caraïbes anglaises et françaises, etc… L'arrivée de ces travailleurs Africains dans les îles à sucre allait permettre l'organisation d'une main-d'œuvre nécessaire pour effectuer les tâches que ni les Européens, ni les Amérindiens Arawaks ne pouvaient accomplir. D'ailleurs, ces derniers qui peuplent la Martinique du IIIème au IXème siècle sont exterminés par le peuple Caraïbes (ou Kalinagos) qui séjournera sur l'île jusqu'au 17ème siècle avant d'être, lui-même, expulsé et exterminé par les Européens. Et voici l'arrivée des Africains ! *« Les premiers furent des «Calvaires» et des «Wolofs» des îles du cap vert, des «sénégalais», probablement des «Toucouleurs» et des «Saracolets» de la région de Saint Louis, des «Bambaras» du fleuve Sénégal, et quelques «Mandingues» dont la religion islamique a posé des problèmes »[1].* Les Européens profitent du commerce triangulaire pour dépouiller l'Afrique de sa plus grande richesse : sa population. Ce dépeuplement va bouleverser la géométrie sociale africaine, et modifier de manière considérable, l'ensemble des fondamentaux des royaumes africains. L'exportation « étrangère » va laisser des traces dans la vie insulaire, quand bien même la diaspora africaine n'est pas liée uniquement à la traite et à l'esclavage ! Les industries sucrières sont nombreuses aux Antilles. La main-d'œuvre aussi.

Le développement de ces industries sucrières s'inspire de modèles fonctionnant aussi bien au Brésil qu'au Maroc, utilisant les esclaves comme main-d'œuvre. Quelques colons Juifs, chassés du Brésil portugais, apporteront aux

Antilles les secrets de la fabrication du sucre de canne, remplaçant ainsi la culture du « pétun » qui était largement répandue. Aux Antilles, les esclaves sont affectés à différents travaux. La majorité sera affectée aux ateliers de production. Colbert, alors ministre de Louis XIV, va élaborer un ensemble d'instructions devant régir la vie des esclaves dans les colonies. C'est la naissance du fameux « Code Noir ». Un souci de ratio homme-femme se pose, ce qui nécessita l'importation de femmes dans ces colonies qui connaîtront un véritable essor, grâce à l'utilisation intensive des esclaves dans les habitations sucrières. Les femmes africaines et amérindiennes permettront aux blancs Européens d'assurer leurs descendances. *« Les blancs sont des hommes blancs qui se métissent avec des femmes soit amérindiennes, soit africaines ».* [2] D'où les békés, descendants de ces premiers colons. Est-ce une vérité qui dérange ?

Et puisque ces colons juifs ont un réel besoin de main-d'œuvre pour la culture du tabac, *« c'est pour cette raison qu'ils font venir de France des travailleurs « engagés », généralement de pauvres gens auxquels on paie la traversée afin qu'ils acceptent de signer un contrat de travail d'une durée de 36 mois »* [3]. De 1635 à l'année 1650, la population de la Martinique est principalement formée de blancs et de leurs contractuels, ces fameux « 36 mois ». Cette main d'œuvre insuffisante sera le point de départ d'une colonisation qui va rapidement s'organiser. L'exploitation des îles des Petites Antilles s'étend à grande échelle. Les habitants indigènes des îles seront massacrés et décimés pendant 20 ans, plus précisément lorsque le capitaine pirate Belain d'Esnambuc développera l'île de Saint Christophe (aujourd'hui Saint Kitts &

Nevis) et que, sur ordre de Richelieu, il devra coloniser les îles non occupées par les chrétiens. En cette année-là, les hommes de la Compagnie des Îles d'Amérique occupent la Martinique, Marie Galante, la Tortue, la Guade-loupe, et ne peuvent exclusivement commercer qu'avec la Métropole.

A la découverte du « Nouveau Monde »

Les Antilles Françaises sont repeuplées grâce à l'importation des esclaves Africains en provenance d'une vingtaine de régions de la partie occidentale du Continent et d'ethnies différentes. Ces tribus africaines se retrouvent dans les Antilles : les Peuhls, les Mandingues, les Bambaras, les Alladas, les Soussous, les Yorubas, les Bakongo, les Wolofs, les Mandés, les Kimbundu, les Ibibios… L'histoire d'avant l'esclavage et la déportation d'Africains rappellent que des

Amérindiens décrivaient ces Mandingues, venus de loin, et qui commerçaient dans l'Amérique ancienne. Nous sommes en l'an 1310, soit 180 ans bien avant l'arrivée de Christophe Colomb dans les Amériques. L'empereur Mandingue du Mali, Mansa Bubakari II, s'en alla visiter *« la terre de la grande eau de l'autre côté »*. La population africaine diasporisée est le résultat d'une histoire de la déportation d'Africains à l'époque de l'esclavage et de leurs descendants à travers le monde. Pourtant, l'Afrique fut la première grande civilisation à « visiter » l'Asie, le Moyen-Orient et le reste du monde ! C'était, il y a fort longtemps, lorsque les premiers civilisateurs africains ont essaimé depuis la vallée du Nil jusqu'en Asie du Sud. Bien évidemment, la vérité de l'histoire universelle nous rappelle que les premières civilisations illustres du Japon, de Chine, d'Angkor et de l'Inde, par exemple, ont été bâties sous la tutelle des Noirs venus d'Afrique. De la science militaire japonaise fondée par le Shogun Sakanouye no Tamuramaro, afro-descendant, en passant par les bouddhas aux cheveux crépus, prêtres Egyptiens chassés de Memphis, etc…, les (re)découvertes que fait actuellement l'homme moderne n'ont rien de surprenant. Cet intérêt peut se comprendre lorsqu'on sait que le peuple Noir d'Afrique a laissé des empreintes impérissables de son passage dans les civilisations de l'Asie du Sud et joué un rôle fondateur dans l'émergence de ces mêmes civilisations. Les vestiges de la présence africaine sur le continent asiatique sont considérables. Et si l'Afrique a joué un rôle si prééminent dans les régions de l'Asie, l'histoire évoluant, les pays de cette zone asiatique semblent permettre à l'Afrique d'aujourd'hui de renaître de ses cendres, après de longs siècles d'agonie qui lui ont coûté la Vie. Mais à quel prix ?

Depuis l'installation forcée des Africains dans les îles, ces derniers vivent, désormais, sur le continent américain des Caraïbes, aux Guyanes (Guyane Française, Suriname, Guyana), aux Etats-Unis, au Canada, en Amérique Centrale et du Sud (exception faite de l'Argentine et du Chili). Les Africains sont partout : dans l'Océan Indien, en Australie, et majoritairement aux Antilles. Le métissage de la population est le produit du croisement entre Européens et Africains. Le décret d'abolition de l'esclavage en Avril 1848 mettra fin au statut d'esclave pour 60% de la population des îles. Il fallait dorénavant donner un patronyme à tous ces affranchis. Oublions les noms de la honte !

Beaucoup de Noirs Antillais sont des descendants d'esclaves

affranchis, certes (…), mais aujourd'hui, on ne comprend pas trop bien pourquoi les rapports entre certains Africains et Antillais sont corrompus. Nul ne peut rompre sa propre histoire. Le fuir ? S'en émanciper ? Se défaire de la partie africaine qui existe en chaque Antillais ? Il est enfin temps, pour beaucoup, de se débarrasser des clichés passéistes, de s'exposer à ses peurs, d'élever ses pensées par la recherche de la vérité, d'affronter son passé dignement pour l'intégrer, pour enfin sortir du trauma finement imposé. La colonisation des esprits est un fait indéniable, car cette stratégie devient le socle d'une idéologie de la désinformation, d'une information fabriquée de toute pièce pour contrôler la pensée et l'histoire de l'homme Noir, de l'homme en général. Avec le temps, beaucoup ont adopté et cru ces mythes pernicieux sans même en chercher l'origine.

L'ignorance et l'aliénation ont été imposées à l'Homme Noir comme une référence intellectualisante, et par conséquent, il est urgent de refuser de jouer le jeu de l'homme Blanc. *« Le plus ignorant des hommes est celui qui ne se connaît pas lui-même… Les ignorants condamnent tout ce qu'ils n'entendent pas »* [4]. Tout ignorant de sa propre histoire exhibe toujours sa bêtise. Ignorer sa propre histoire identitaire est un danger de l'esprit. L'histoire du passé doit être transmise, oralement ou par voie d'écriture, car cette Histoire comporte également de grandes réalisations. L'Afrique, ce ne sont pas seulement des esclaves déportés, mais des civilisateurs et des bâtisseurs de civilisations. Si certains ont trouvé bon de détruire cette grande période existentielle, aux Antillais et aux insulaires, principalement, de faire un pas de géant pour sortir des clichés et stigmates des dogmes imposés par les

« républicains », de rejeter les mensonges d'une culture galvaudée, de s'écarter des grossièretés et de la manipulation qui ont servi l'impérialisme européen. Pourquoi Vercingétorix et les Gaulois étaient-ils imposés (comme « nos » ancêtres ?) dans les manuels scolaires des Antilles et d'ailleurs ? L'ancêtre est un *« aïeul,* **celui de qui on descend par le sang** *et qui est plus éloigné que le grand-père »* (selon la définition du dictionnaire). Que tous les « Antillais » qui ont du sang de Vercingétorix ou de Louis XIV dans les veines se lèvent ! Le mythe civilisationnel Franco-Européen s'est lâchement exporté pour être imposé aux Antilles, à la Réunion, à la Guyane, même jusque dans le Pacifique, grâce à l'école et à l'enseignement d'une langue : le français… Francophonie oblige !

Quel héritage : Vers un esclavage du 3ème millénaire ?

La sombre période de l'esclavage a forcément brisé l'orgueil de ces hommes devenus esclaves. Cette estime de soi a été froissée par la domination violente des faiseurs d'esclaves. Autrefois, l'esclave n'était pas cet individu enchaîné, méprisé, extrait de sa famille et de ses terres pour le bon plaisir de ces maîtres virulents, adeptes de la marchandisation de l'homme. L'esclave était dépourvu de son honneur, de son intégrité et de son respect. Son droit à la vie lui était enlevé. Ses droits propres lui étaient volés et substitués par une autre règle de droit plus rigide. Ses devoirs et ses obligations, en tant qu'esclave, remplaçaient l'Acte qui faisait de chaque homme, de chaque femme, et de chaque enfant, des êtres entièrement libres. Cette organisation sociale inhumaine était en complet décalage avec la quintessence de la Vie qui permet aux hommes d'être tout simplement des hommes. Le besoin d'affection, de nourriture, d'aimer et d'être aimé, de chaleur, de tendresse, sont des besoins universels pour tous les hommes. Le sentiment d'inquiétude qui accompagne l'arrivée des nouveaux « étrangers » sur des terres lointaines, soumis au travail forcé, perdure encore aujourd'hui. Ce même sentiment d'inquiétude accompagne ces « étrangers » quant à leur avenir. Au seuil du 3ème millénaire, ces schèmes importés doivent être sérieusement combattus. Les préjugés imposés depuis lors font (encore) croire à certains Noirs qu'ils seraient des éléments inférieurs de l'espèce humaine ! L'Histoire doit assurer un dépassement vers l'avenir auquel le passé et le présent servent de moteur. Après l'abolition, l'ancien esclave a un sentiment d'autonomie, de contrôle absolu sur sa vie. Il est un homme nouveau dans un monde hostile, avec un pouvoir et un sentiment de liberté qu'il n'avait jamais connus. Mais dans son existence d'affranchi, tout cela ne peut encore lui apporter, ni stabilité émotionnelle, ni identité définitive, tant qu'il n'aura pas lâché prise avec le passé peu éclairé, en acceptant son Histoire par une quête de la vérité pour mieux construire le nouveau millénaire.

Le mensonge et la manipulation conditionnent la naissance de la brutalité dont on finit toujours par s'affectionner. Ces attitudes répétées sont des embryons du conditionnement dont les objectifs sont de :

1. Minimiser l'embarras
2. Éviter une punition
3. Attirer l'attention
4. Protéger son estime de soi.

Ce décor psychologique influence les comportements des

« victimes », modifie leurs perceptions de la vie, du respect de l'autre et de la justice. Ces peurs s'installent dans l'esprit des hommes, l'esprit considéré comme le siège des facultés intellectuelles et psychiques, et s'impriment dans la conscience humaine. Les couches du subconscient s'imprègnent de ces soldats émotionnels et entrent, inévitablement, en interaction avec l'homme. Ces peurs tuent le bon sens, désorientent les perceptions sensorielles, renforcent le repli sur soi, incitent à la fuite. Le conditionnement et la manipulation développent des complexes paralysants et des formes variées de mal-être qui s'étendent bien au-delà de la durée de l'esclavage. Leur permanence dans le temps amorce les conflits raciaux et provoque la stagnation. Un tel traumatisme ne peut pas être sans effet sur les individus, dans la mesure où ils sont contraints de trouver des stratégies d'affirmation. La manipulation de l'Histoire résonne encore sinistrement dans la mémoire des descendants d'esclaves. Ces innombrables complexes sont générés par l'institutionnalisation du préjugé de race, affectant chez l'homme, sa manière d'être, de percevoir et de concevoir le monde d'une manière juste. Nombreux sont encore les individus qui évoluent, de gré ou de force, dans les ornières de l'esclavage. Ils se méfient de leurs propres compatriotes. Ils enfoncent leurs peuples dans les voies de l'esclavagisme notoire et de la radicalité. D'autres se sont réfugiés dans un carcan de haine, développant un racisme inter-ethnique, tandis que d'autres cherchent à se soustraire des instances de la mémoire et du progrès collectif. Les zones de blocage sont innombrables. Comment évoluer si nul ne connaît sa propre Histoire ? Comment évoluer si on ne se connaît pas ? Se connaître, c'est s'assumer soi-même en tant que mémoire.

Aujourd'hui, les descendants d'esclave usent de moyens énigmatiques pour vivre dans les sociétés dites modernes. Le vrai et le faux se masquent, qu'il s'agisse de ce qui se dit ou de ce qui se vit. Cette différenciation entre l'être et le paraître reste permanente dans l'existence. Cette attitude résulte de la société à l'intérieur de laquelle l'esclave voit la négation de son être au profit de l'idée que l'on se faisait de lui. Il a dû apprendre à user de stratégies pour vivre son identité sans jamais la laisser paraître, de manière à convaincre l'Autre de son intégration ou de son adaptation. Comment sortir de ces structures idéologiques dont l'une, fait office de citoyen converti à la démocratie et à l'intégration au quotidien, et l'autre, résidant dans le subconscient enflammé de violences dont personne ne s'apercevra ? A terme, cela pose la difficulté de l'épanouissement de l'individu. Quelle identité peut-il en résulter ? Quel mode de vie sociale autorise-t-elle ?

Le dominant d'hier a laissé la place à un autre dominant : la honte et la culpabilité intériorisées. La réhabilitation de l'homme Noir, en dehors de tout déterminisme de race, passe par l'entière affirmation de sa propre conscience. C'est à la libération de soi qu'il faut convier l'individu, et non à une intégration simple et automatique, parfois forcée par le législateur, dans les sociétés modernes. La conception que l'homme a de l'homme avant, pendant, et après les esclavages, conditionne sa conscience, son être et son devenir ; alors que la libération ne peut être effective que si cette conscience affirmée de l'homme le délivre des illusions qui demeurent en lui. Connaître son histoire, c'est transformer sa conscience de soi. La non-réhabilitation de tous les affranchis du «Vieux Monde » a provoqué un sentiment d'exclusion et de frustration qui perdure encore aujourd'hui dans les esprits. La pseudo-intégration contemporaine fait naître un prototype de méfiance et de mécontentement qui déclenche le désengagement social en activant le levier de l'isolement historique. L'intégration, même dans la formation de la nation d'anciens esclaves, a exigé un langage codé et des restrictions préméditées pour s'accommoder de la mauvaise foi raciale et de la fragilité morale qui sont au cœur des sociétés post-esclavagistes. Cette stratégie est-elle si différente aujourd'hui ?

La reconnaissance de ce que l'Afrique a apporté à la culture du monde, et dans son application au sein des sociétés modernes, implique l'acceptation d'un héritage qui fait aussi partie du patrimoine national et universel de chacune de nos sociétés. Cette culture est l'identité des descendants d'esclaves. Cet héritage culturel produit la richesse du métissage et du pluralisme. Ce mouvement culturel doit pousser l'homme Noir, plus spécialement, à assumer toutes ses racines par la diffusion de cette culture pour sa propre assimilation dans sa propre histoire. Connaître mieux son identité c'est devenir en même temps plus universel et plus spécifique.

Toutefois, les stratégies d'intégration et de ségrégation se complètent dans un mécanisme social aux attitudes et paramètres plutôt ambigus. Que la ségrégation ne soit qu'un avatar de la traite négrière, l'intégration, elle, renferme un racisme latent, puisqu'elle extrait l'étranger de sa culture d'origine. Cette situation est intolérable puisqu'elle oppose à la discrimination le principe d'une intégration-adhésion selon lequel l'étranger apporterait sa différence afin que soit gérée la pluralité. Les « nouvelles » attitudes qui dérivent de cette fallacieuse intégration ont tendance à se répéter dans le temps jusqu'à en devenir « naturelles ». Dans ce cas, plusieurs questions peuvent surgir. Par exemple : pourquoi les Blancs « venus d'ailleurs » n'ont-ils pas fait preuve de « diplomatie » avec ces Noirs ou Amérindiens installés sur leurs terres, vivant paisiblement chez eux ? Quelle était la motivation (et non le but !) de commercer des Nègres qui n'avaient rien demandé ? La couleur noire avait-elle déclenché la peur de l'envahisseur venu d'ailleurs, lui évitant ainsi tout échange de coopération ou de collaboration volontaire et non forcée ? Le vol, le pillage, la peur originelle, le crime, la haine, et que sais-je, sont-ils des caractéristiques de la prédation de certains, encouragés par l'Eglise ou la religion à asservir son frère ou sa sœur ? La grandeur d'un peuple ou d'une nation, peut-elle déclencher l'infériorisation et les bas instincts du faible ou du pauvre ?

L'acte de naissance « républicain » de l'Antillais

A l'heure actuelle, l'un des plus grands challenges de l'Antillais, c'est qu'il doit intégrer trois cultures. Et c'est à partir de cette tri-culturalité que va émerger la quintessence de l'identité antillaise.

- D'abord, la culture africaine parce qu'il est originaire du continent.

- Ensuite, la culture française (européenne) parce que métissé.

- Et finalement, la culture caribéenne parce qu'il en est issu.

Indéniablement, la culture « Antillaise » ou « antillanité », ou encore « Créole » ou « créolité », est un avatar républicain. Cette perte identitaire est d'autant plus flagrante chez les « métis » (ceux issus du croisement), une autre appellation dont le but est de hiérarchiser l'homme Noir, cette fois, par la couleur de sa peau. Ce « métis » est bien celui qui était autrefois appelé « bâtard », puis « mulâtre ». Emprunté du portugais « crioulo », décliné vers l'espagnol « criollo » et « créolisé » en français, ce terme « créole » est usité dans la région des Caraïbes vers 1670 pour définir toute personne africaine ou européenne née et élevée dans les colonies. Quant à l'expression « Antilles » (les Grandes et les Petites Antilles) qui tire son origine du portugais « Ante – Ilhas », nous savons, aujourd'hui, qu'il définit « les Îles d'avant » (le continent – Europe -)… Partant de ce constat, comment les descendants d'Africains déportés pouvaient-ils être des Antillais, puisque ce terme fait référence aux îles d'avant ? Quant au peuple « Caraïbes » (ou Kalinagos), il est Amérindien (Indien d'Amérique, mot inventé par Christophe Colomb à la suite de son erreur d'exploration), d'origine amazonienne. Ce peuple colonise les Petites Antilles vers le 14ème siècle. *« Les nouveaux venus d'Europe, en éliminant les sociétés autochtones ont réussi à éradiquer les anciens noms. La Caraïbe d'aujourd'hui porte l'empreinte de la domination européenne. Ainsi, mer Caraïbe ou mer des Caraïbes, contrairement à ce que la méconnaissance peut laisser croire, n'est pas un mot d'origine amérindienne. Ce sont les nouveaux arrivants qui l'ont baptisée. Les Européens, persuadés d'avoir découverts un nouveau monde, ont créé un espace à l'image de ce qu'ils connaissaient. Leurs points de repère ont été baptisés de noms en référence aux pays qu'ils venaient de quitter (Carthagène) ou de noms d'origine religieuse (Santa Cruz, Vera Cruz, Santiago) ».* [5] Finalement, *« les Européens ont fait preuve partout dans le monde qu'ils construisaient de la même façon de marquer nominalement leur emprise (ou du même manque d'imagination) mais nulle part aussi massivement qu'en Amérique »* [6].

Et puisque les Amérindiens, Arawaks et autres indigènes habitaient déjà ces îles d'avant le continent, formant ainsi l'arc des Caraïbes, nom donné par les Européens en référence au dernier peuple qui leur fut soumis, et que les Africains proviennent de l'Afrique, par conséquent, comment expliquer que leurs descendants soient alors des Antillais ? Etre un descendant d'Africain, c'est être Africain. Et cette vérité devra être, tôt ou tard, acceptée, comprise et ingérée par de nombreux Antillais en mal de décomplexi-fication. Parce que dans ce cas, *« la culture créole est une adaptation de la culture africaine (…). Quand j'ai dit une fois, devant le général de Gaulle que notre histoire commençait dans la cale des bateaux négriers, il parait qu'il y a des Martiniquais très assimilés, qui ont été tout à fait vexés, tout à*

fait offusqués. Mais c'est ça le fait premier !
Il ne faut pas en avoir honte, c'est ça la vérité.
Si quelqu'un doit en avoir honte ce sont ceux
qui ont fait la traite et non pas ceux qui ont
subi la traite… Autrement dit, si on ne veut
pas rester à la surface des choses, eh bien on
est obligés d'en revenir à ce fait premier, à
savoir que nous sommes mélangés certes, mais
que nous sommes des africains de la
diaspora » (Aimé Césaire).

« Black is beautiful » et estime de soi

L'estime de soi est une composante majeure de la confiance et du désir de se réaliser dans une société hiérarchisée et organisée. A travers les époques, de nombreuses civilisations ont élaboré des règles et des mécanismes permettant à chacun de se retrouver. Dans le domaine des arts, du sport, de la mode, des sciences et des techniques, chacun reste l'artisan de ses victoires ou de ses échecs. Ce sentiment de valeur propre est inné chez tous les hommes. C'est bien l'orgueil et la vanité qui donnèrent à Lucifer la force et la motivation de revendiquer un royaume qui n'était pas le sien. Quand cet orgueil est blessé, il devient vindicatif, haineux et méprisant. Pour se libérer de ces antagonismes, il faut agir sur le passé, le transformer par la connaissance afin qu'il constitue une entité existentielle. L'homme est libre lorsque SA connaissance de l'histoire se trouve réalisée. Chaque Afro-Caribéen doit considérer son Histoire africaine, la Vraie, pour maîtriser son destin et accéder à une réelle adaptation dans une société différente. Changer ses pensées sur sa propre réalité universelle et africaine, permet de changer son destin. Pour ce faire, il faut absolument sortir de l'illusion individuelle et collective en s'acceptant de manière à pouvoir décider véritablement de son existence propre. Ainsi, les malentendus entre Noirs pourront se résorber lorsque la peur du passé disparaîtra, et qu'une nouvelle éducation, adaptée aux spécificités noires, redonnera à l'Histoire ses véritables lettres de noblesse et sa place au sein de l'univers.

Aujourd'hui, ce qu'il manque au peuple noir de l'Afrique, c'est ce courage et cette volonté de progrès que possédaient leurs ancêtres. La volonté de se battre courageusement pour rétablir la MAÂT, cette force forte qui ne craint point le sacrifice, symbole d'une véritable liberté égalitaire et fraternelle. Ce qu'il manque aux « Antillais » ou « Créoles », c'est ce courage d'accepter leurs Histoires, de se débarrasser de tous les égos fabriqués et prescrites, pour librement cultiver ces valeurs universelles qui incitent à ne plus regarder en arrière. Ainsi, il devient plus aisé de se réapproprier d'avec soi-même et transformer tous les handicaps en valeur ajoutée humaine. *« Parfois, nos vies ont besoin d'être complètement chamboulées, changées et réorganisées, pour nous replacer à l'endroit où nous sommes censés être »*. Ainsi, la réconciliation Afrique-Antilles sera un but, un nouveau moteur qui conduira son peuple vers de prodigieux accomplissements. Mais, *« Quand tu ne sais pas où tu vas, souviens-toi d'où tu viens »* [7].

[1] Bernard Petitjean Roget, La Traite des esclaves vers Martinique et l'origine de la population.
[2] Frédéric RÉGENT, Esclavage, métissage, liberté. La Révolution française en Guadeloupe. 1789-1802
[3] L'esclavage et la traite des Noirs aux Antilles, Manfred Overmann
[4] Jean Baptiste Louis de la Roche, Pensées et maximes (1843)

[5] Atlas Caraïbes – Regards croisés. La Grande Caraïbe : des mots en question (p.192).
[6] Christian Grataloup, Géohistoire de la mondialisation, Armand Colin, 2007.
[7] Proverbe africain

Esclaves du nouveau monde

Les mêmes nations européennes dont les lois autorisent l'esclavage des Noirs regarderaient celui des Blancs comme un crime. Cette contradiction dispense de prouver que jamais l'esclavage ne peut être légitime, que jamais un homme ne peut être la propriété d'un autre homme.

Condorcet

Alors que la crise de conscience attire l'attention des peuples et des nations ; que les grandes puissances sont prises en otage par la mondialisation ; que les conflits armés et les guerres ethniques se multiplient, l'avenir de l'Humanité et sa survie semblent l'enjeu vital du prochain millénaire. D'un point de vue géographique, l'Afrique est le continent le plus significatif en matière d'impact de l'effet de déshumanisation. Hier, les méfaits de l'esclavage. Aujourd'hui, les émeutes de la faim. Les carences alimentaires modifient les schémas biologiques et mentaux des peuplades noires de l'Afrique, en particulier, et auxquelles vient s'ajouter, immanquablement, une précarisation générale. Autant de facteurs qui provoquent un défaut de socialisation, se traduisant, alors, par l'incapacité d'inventer son propre modèle de société. Nos yeux font le triste constat planétaire, car l'Afrique n'est pas la seule concernée. L'Afrique n'a jamais été aussi riche qu'à l'heure actuelle. Est-ce que cette situation, brièvement introduite, ne serait pas une des conséquences de l'individualité africaine, individualité issue du pétrissage esclavagiste d'une certaine époque ?

Pendant que les pseudo-débats contemporains se concentrent sur la question inopportune du nationalisme identitaire, l'esclavage d'antan se modernise avec de nouveaux outils de pression. La période glaciale de l'esclavage a bien évidemment brisé la fierté de ces êtres humains devenus esclaves. Cette estime de soi a été si altérée, que l'affranchissement et l'abolition ont permis aux esclaves de retrouver une forme de liberté et des droits ; mais pas la possibilité de jouir d'équité dans les jeux de pouvoir au milieu du G20, par exemple ! Que sont devenus les affranchis en ce début du 3ème millénaire ? Autrefois, l'esclave était dépourvu de son honneur, de son intégrité et de son respect. Son droit à la vie lui était enlevé. Ses droits propres lui étaient volés et substitués par une autre règle de droit beaucoup plus rigide. Ses devoirs et ses obligations, en tant qu'esclave étaient codifiés. Aujour-d'hui, l'esclave moderne est prisonnier des cadres législatifs. Il travaille rudement, sans reconnaissance, mais pour rembourser quelle dette nationale ? Même si l'esclavage revêt, aujourd'hui, des aspects plus contemporains par le « travailler plus pour gagner plus » (rien à voir avec l'augmentation des revenus), nombreuses sont les organisations humaines qui luttent pour que soit instauré un système législatif vigilant, impartial qui applique la règle de l'égalité, du respect, en restaurant, par l'application de sanctions exemplaires, la dignité de chaque homme, de chaque femme.

L'esclavage moderne, comme par le passé, s'appuie sur un préjugé de race. Ce préjugé fit du Noir, pour le citer, l'élément inférieur de l'espèce humaine. L'Histoire doit assurer un dépassement vers un avenir auquel le passé et le présent servent de moteur. L'intégration doit déboucher hors des espaces raciaux pour libérer les esprits dans leur propre espace en prenant le raccourci de l'individualité propre. Après l'abolition, l'ancien esclave a un sentiment d'autonomie et se sent un homme nouveau dans un monde où l'adversité est le tremplin de nouveaux défis. Il découvre un sentiment de liberté qu'il n'avait jamais connu. Des siècles plus tard, le travailleur, par son salaire, a un sentiment d'autonomie, de contrôle absolu sur sa propre vie. Lui aussi est un homme dans un monde hostile, avec un pouvoir et un sentiment de liberté qu'il n'avait jamais connus. Dans ces deux époques, le cadre législatif contraignant impose à l'individu la soumission aux autorités sous peine de sanction.

Vers un nouvel écodéveloppement des Etats-Unis d'Afrique

Les petites abeilles se tiennent bravement devant l'ennemi, parce qu'elles ne combattent pas pour elles-mêmes, mais elles sentent en elles leur peuple pour lequel elles combattent.

Proverbe allemand

Une Afrique forte, unie, solidaire, prospère ? Marcus Garvey en a rêvé. Précurseur convaincu du panafricanisme, clamant haut et fort le « Back to Africa » de tous les descendants des esclaves noirs, ce vieux rêve cherche encore aujourd'hui son guide suprême. La crise politique et économique que traverse l'Europe invite les Etats du Continent Africain à une réflexion intelligente et profonde quant à l'évolution de leur propre modèle de développement social, économique, politique, judiciaire et technologique. Un modèle de développement suppose un nouveau style de leadership africaniste. Les précurseurs les plus éclairés du panafricanisme avaient une vision de cette lutte pour une unité africaine solidaire et dynamique. Et à la fin de ce millénaire, l'actualité du continent crée une nouvelle pensée africaine, même si l'émergence des Etats Unis d'Afrique se heurte constamment au problème du leadership en Afrique. Evidemment, les défis majeurs de la géopolitique mondiale et des nouveaux enjeux économiques instaurent les fondements nécessaires à la construction de cette fédération africaine. « L'Afrique dotée d'immenses richesses naturelles, d'une démographie exceptionnelle et de potentiels économiques stratégiques uniques, doit être la locomotive de sa propre histoire et assumer sa présence dans le monde ».

Du Nord au Sud, de nombreuses voix d'élèvent pour mobiliser les peuples dans cette démarche qui consiste à mettre en place le cadre de ce nouveau modèle d'éco-développement durable. Forte d'une main d'œuvre exceptionnelle supportée par sa propre démographie, jouissant de potentialités économiques extraordinaires, de ressources incroyables, l'Afrique ne peut renaître que si elle est effectivement unie. L'esprit de « maître » entre leaders et peuple noir, entre dirigeants et gouvernés, doit disparaître pour instituer une harmonie entre le désir de développement, la vision et le leadership intelligent. Un nouveau leadership se nourrit d'une vision nouvelle, d'un renouvellement de la pensée, ce qui semble difficile pour certains chefs nostalgiques du pouvoir. Parler de renaissance africaine sans faire le point sur l'état de l'unité est comme cultiver de la roche en hiver. Certes, existent des problématiques « historiques » qu'il faut aborder de façon courageuse : le tribalisme, le régionalisme, le nationalisme, ou encore les Etats qui font le choix d'être solitaires. Bien évidemment, l'unité fédérale africaine et la renaissance du Continent sont indissociables ! La lutte des panafricanistes d'antan diffère de la lutte que mènent, actuellement, les pseudo-panafricanistes ayant pour unique valeur leur attachement au siège du pouvoir politique qui semble contrôlé hors de l'Afrique ; ou ceux encore désespérément accrochés à « la politique du tube digestif ». Adhèrent-ils au slogan : «Nous préférons la liberté dans la pauvreté à l'opulence dans l'esclavage » ? Cette ambiguïté met l'emphase sur l'impérieuse nécessité de voir au-delà des clichés individuels, imposant, dans une démarche volontariste et humaniste, une réforme du code de pensée. C'est dans ce profond désir de changement que l'éducation joue un rôle fondamental. L'éducation et la santé sont les mamelles de l'Etat. Un peuple maintenu dans l'ignorance et en mauvaise santé ne peut, ni penser, ni agir. L'Afrique dans la gouvernance mondiale suppose une rupture avec les politiques idoines menées chaotiquement par des responsables politiques Africains, hélas, loin d'être de véritables leaders, encore mentalement dominés, apeurés de prendre des décisions risquées mais vitales pour l'avenir du Continent. Cette épée de Damoclès des anciens régimes hégémoniques est le péril de la liberté démocratique africaine.

La création d'un Etat fédéral continental ne doit plus être un projet en ajournement constant ou une simple vision étapiste. Il faut, dans ce cas, préciser le cadre d'un tel projet d'avenir qui doit mettre en relief :

- Une politique monétaire commune et solide.
- Une stratégie de défense militaire et sécuritaire purement africaine.
- Un marché commun pour toute l'Afrique, contribuant au développement du commerce intra Africain.
- Une harmonisation cons-titutionnelle. L'échec de l'Europe est né de la naissance d'un Marché commun « économique ». Penser politique, au sens du « politikos », est une indication du cadre d'une société assez bien organisée, et qui fonctionne de manière pratique avec des règles, des droits et

des obligations. Cette gouvernance, ou encore cette gestion des affaires de la Cité, permet de réfléchir aux meilleurs outils (politiques) qui définissent les règles du marché économique.

Ce processus des Etats Unis d'Afrique est en marche depuis 1963, suite à la réunion constitutive de l'OUA. Aujourd'hui, il ne fait aucun doute que les mentalités ont évolué, que les cadres juridiques et historiques imposent une approche différente de la renaissance africaine, que les afro-descendants diasporisés rêvent de cette ère nouvelle. Après 5 années de négociations, de discussions, d'échanges, le traité instituant la zone tripartie de libre échange (TFTA), ce marché commun qui regroupe 26 pays africains dont « l'objectif final est de permettre une circulation facile des marchandises entre les pays, sans taxes », est un nouveau type de partenariat à forte valeur ajoutée à la vision panafricaine.

Il est bon de se rappeler que l'Afrique tout entière a émergé à partir d'un projet d'union politique : le Sematawi, pacte fondateur de l'Union des deux Terres (la Haute Egypte et la Basse Egypte). Cette union politique a fait naître le Premier Gouvernement de l'Humanité, et à sa tête, le Roi Soudanais Narmer. Les royaumes antiques confédéraient des milliers d'individus avec un Gouvernement qui représentait leurs aspirations et leurs intérêts. A la base, les marges de manœuvre de l'Etat n'étaient pas limitées par les politiques économiques telles qu'elles sont actuellement pratiquées.

La stratégie d'initiative nouvelle pour le développement durable de l'Afrique doit être poursuivie par des leaders politiques visionnaires qui incarnent les aspirations et les intérêts des peuples du continent. Or, même si certains pays africains voient leurs économies stagner, la croissance africaine, en générale, est bien réelle, excédant 5% par année. L'Afrique ne doit pas suivre les erreurs des nations industrialisées par une exploitation sauvage de ses ressources naturelles non renouvelables. Les performances économiques de l'Afrique, pour être durables, doivent être équitablement réparties, et ces nouveaux modèles alternatifs de développement requièrent la responsabilité et la participation des acteurs sociaux. La croissance de la pauvreté et des inégalités a inéluctablement entraîné un renouvellement de la réflexion sur un nouvel écodéveloppement durable et africain. Les situations d'inégalité supposent des besoins différents. Le paradoxe d'une Afrique riche et en même temps pauvre doit être enrayé par des initiatives politiques nouvelles à (re)définir.

Le rapport de force a changé et l'avenir des Etats-Unis d'Afrique se joue, dorénavant, avec les nouveaux acteurs, les bailleurs mondiaux comme la Chine, l'Arabie Saoudite, l'Inde, etc... « Pour parvenir à un développement durable, il faut traiter l'ensemble des vulnérabilités qui touchent les pays les plus pauvres, essentiellement situés en Afrique, vulnérabilités économiques, socio-politiques et environnementales ».

De la renaissance des nations africaines a la médiation commerciale

Tout, dans la nature qui nous environne nous parle de renaissance.

Gilbert Sinoué

Deux milliards d'habitants en 2050 ! La démographie africaine, c'est tout spécialement son abondante main d'œuvre. Lorsque cette force de travail est « politiquement » encadrée et dirigée vers une monétisation intelligemment répartie, elle nécessite, inéluctablement, un cadre juridique renforcé. Si la plupart des projections se focalisent sur les années 2050 – 2100 quant à la démographie africaine, c'est aujourd'hui que se pose l'engagement des politiques, tel un défi majeur du nouveau millénaire africain. C'est un challenge qui ne laisse aucune place à l'absence de vision stratégique. A cette date, l'UNICEF prévoit que 40% des enfants de moins de 5 ans vivront sur le Continent. Avec une population africaine qui atteindra le record des 4,2 milliards d'habitants d'ici 2100, la croissance démographique du Continent pourrait être, soit une plus-value économique fort de potentiels, soit une bombe sociale à particules. Dans les deux schémas, l'impact social et économique de cette démographie « économique » conditionne ce que certains experts appellent « la soutenabilité de l'émergence de l'Afrique ».

Cette vision de la démographie du continent participe au processus de la renaissance des nations africaines. La Chine a été le premier pays de l'Asie a fortement s'intéresser à l'Afrique. Peut-être parce que l'Afrique fut la première grande civilisation à « visiter » l'Asie ! C'était il y a longtemps, lorsque les premiers civilisateurs africains ont essaimé depuis la vallée du Nil jusqu'en Asie du Sud. Plus récemment, le Mémorandum d'entente concernant le méga projet destiné à relier les capitales africaines et l'Asie via la Chine, par des routes, des trains à grande vitesse et des dessertes aériennes, témoignent de la revivification des liens fraternels, civilisationnels et historiques qui ont marqué la naissance de ces nations modernes. *«L'Afrique est un vaste continent où il faudrait que les gens voyagent sans être obligés de transiter par Paris».* Et de ce fait, ces chantiers économiques devraient permettre, à terme, une meilleure intégration régionale des nations africaines et de leur développement durable dans le concert de la mondialisation. Historiquement, cet intérêt pourrait se comprendre lorsque le peuple Noir d'Afrique a laissé des empreintes impérissables de son passage dans les civilisations de l'Asie du Sud et joué un rôle fondateur dans l'émergence de ces mêmes civilisations. Aujourd'hui, ces nations asiatiques semblent permettre à l'Afrique de cette fin de siècle de renaître de ses cendres, après une longue période d'agonies qui lui coutèrent la Vie.

Les nouveaux modèles économiques de l'Afrique sont porteurs d'une vision nouvelle, et il est temps de compter sur les valeurs humaines renaissantes que seront les nouveaux leaders de l'Afrique émergente. Cette nouvelle race de décideurs et de visionnaires n'attend plus après l'Occident, car elle est l'avenir politique et économique de l'Afrique. Si ces derniers sont capables d'accompagner la démographie du Continent par une politique objective de gestion, d'accueillir, en les encadrant juridiquement, les investissements qui peuvent faire de l'Afrique le nouvel Eldorado du 3ème millénaire, il est indéniable que la main d'œuvre constitue un levier économique important, et par conséquent, elle soutiendra le développement de l'entreprenariat africain.

Plus d'entreprises, c'est aussi plus de conflits, plus de litiges à résoudre. L'évolution des relations internationales suppose une collaboration économique de bon sens, d'autant que les marchés, intrinsèquement, fonctionnent seuls. Si la loi régule le marché, elle ne fait pas le marché. L'innovation, plus élargie dans ces relations d'affaires, serait l'introduction, dans les différents accords et contrats bi-multilatéraux, de clauses prévoyant un règlement non judiciaire des conflits ou des litiges émergeant de ces nouveaux rapports commerciaux. C'est à cette étape du litige que l'arbitrage se distingue de la médiation comme *« le mode de la persuasion et de l'adhésion volontaire des parties à la solution au litige qui les oppose »*. Un mode « humain » de règlement des conflits et des litiges, qui rappelle l'arbre à palabres, une pratique coutumière du continent noir réunissant en assemblée des gens du village pour échanger sur les affaires courantes, et régler des conflits au sein d'une communauté.

Proportionnellement à la renaissance des nations africaines, nombreuses sont les initiatives qui se multiplient, visant ainsi la formation des nouveaux « régleurs » de conflits/litiges commerciaux : ces médiateurs capables de faire émerger, des parties elles-mêmes, la solution à laquelle chacune adhérera pour marquer son accord. Le médiateur recommande la solution mais ne l'impose pas. Certes, la solution – définitive - semble encadrée par la procédure de médiarbitrage, une procédure d'équité, de bon sens ou de droit, pratiquée par un ou des juges-médiateurs, et qui permet au processus de la médiation d'être renforcé par une sentence arbitrale lui octroyant une résolution définitive et sans appel du litige. Le médiarbitrage doit pouvoir offrir aux entreprises africaines en conflits, ou en litiges, la possibilité de trouver elles-mêmes la solution, à rédiger un accord transactionnel ou protocole de médiation. Cet accord médié est repris dans son esprit lors de la rédaction de la sentence arbitrale, mettant ainsi un terme définitif au conflit/litige qui oppose les parties. Ce protocole est une entente de médiation. Il est l'outil d'information constituant la base de la rédaction de la sentence arbitrale. C'est ce protocole qui est encadré et qui deviendra la sentence arbitrale, selon la loi ou selon l'équité, selon la mission qui est conférée par les parties au juge ou à l'arbitre. Cet avantage d'une procédure définitive et déjudiciarisée se différencie du « mini-trial », autre forme réglementée de la médiation commerciale qui absorbe le conflit dès sa naissance et sans sortir du cadre de l'entreprise. Originellement des pays anglo-saxons et de la pratique procédurale américaine, ce mode alternatif de règlement de conflits en matière commerciale se déroule en deux phases et est particulièrement adapté à la vie des affaires. Il se situe, quelque part, entre l'arbitrage et la médiation, alors que le médiarbitrage est la synthèse du meilleur des deux. Le médiarbitrage est une procédure internationale de justice privée qui s'exporte hors de toutes frontières et l'instance peut siéger dans tous les Etats parties à la Convention de New York de 1958. Elle offre une solution unique, économique, définitive et sans appel, permettant aux parties litigieuses de sortir du conflit.

Aujourd'hui, l'Afrique noire est bien partie. Elle renaît. Son émergence industrielle et infrastructurelle s'appuie sur une vision stratégique d'un nouveau modèle de partenariat à négocier autrement. Elle redécouvre ses valeurs originelles. Nombreux sont les pays, comme le Kénya, qui possèdent une économie émergente. D'autres pays devront s'investir dans des solutions innovantes, fonctionnelles et répondant aux impératifs de la civilisation africaine émergente. La diaspora africaine en Europe et dans le monde constitue « un acteur géopolitique du développement de l'Afrique ». Le nombre grandissant des entreprises commerciales et des initiatives économiques liées à cette renaissance (économique, culturelle, politique et même juridique) africaine fera émerger, certainement, des conflits et des litiges à régler dans un cadre déjudiciarisé et « humain » prévu à cet effet. L'Afrique doit veiller à ce que son avenir ne soit pas un duplicata rafraîchi du passé. L'Afrique est le nouveau territoire des opportunités d'investissement. C'est d'ailleurs le seul continent au monde qui voit ses nations renaître de leurs cendres. Existe-t-il des solutions pratiques et réellement efficaces pour régler, dans un délai très court, ces (futurs) conflits/litiges sans recourir à l'appareil étato-judiciaire ? La réponse, pour les entreprises du Continent, est sans ambiguïté.

Réinventer l'éducation à la vie !

La plus grande difficulté de l'éducation, c'est de transformer les idées en expérience.

George Santayana

La débâcle sécuritaire qui semble dominer les pays de la zone Europe, dont la France, par exemple, est la symbolique d'un déclin de la vigueur morale nationale, sociale et économique de ces (jadis) grandes civilisations qui ont connu leurs heures de gloire. Cette débâcle européenne ou nationale est une dynamique qui interpelle sur la nature de nos relations humaines et de nos cadres dépassés. L'histoire contemporaine appelle, non seulement à une nouvelle responsabilisation de ses dirigeants, mais surtout à une élévation de la conscience collective, et par conséquent, personnelle.

Il est évident que personne n'ose aller sur le terrain de l'éducation. L'institution ne contenant plus les crises, les Français fonctionnent en bandes rivales, que ce soit à l'école, au travail, dans les familles, en politique. Condamnons aussi tous ceux qui, dans leurs représentativités et responsabilités, continuent de faillir « volontairement » dans la mission qu'ils se doivent d'avoir. Mais, n'oublions pas que notre vrai problème est de ne pas être en capacité d'être les garants de nos propres institutions et de laisser croire que les jurys populaires peuvent pallier aux carences doctrinales.

Le point de départ d'une analyse situationnelle est d'abord soi-même, pris dans une dimension singulière et en interaction avec l'environnement dans lequel l'Homme évolue. Il est inutile de nommer ou de chercher les responsables de nos propres échecs. Objectivement, nos insuccès portent sur la nature de nos engagements et de ces outils qui sont utilisés pour créer ou inventer le monde de demain. C'est un mode éducationnel qu'il faut redécouvrir, puisque le « vivre ensemble » est, aujourd'hui, devenu une forme d'organisation entrepreneuriale en constante évolution, source de nouvelles valeurs, à la fois économiques et morales.

Vers un nouveau modèle politico-entrepreneurial ?

Les causes de nos insuccès personnels engendrent la défaillance du « team building ». L'arrogance et l'orgueil précèdent la chute. L'orientation du jeu politique que nous vivons est troublante. Ces chers mots : cohésion nationale, valeur républicaine, solidarité, mixité, respect, par exemple, sont utilisés comme lance à incendie ; comme si, en dernier recours, on aurait pu aller acheter de l'autorité pour faire barrage à des années d'absence d'éducation et de ses conséquences sur le territoire national. D'ailleurs, n'est-il pas courant de voir des politiques obscurcis se précipiter dans l'hémicycle pour élaborer des lois qui puissent contenir ce que l'éducation aurait pu éviter tout naturellement ? Bien évidemment, l'inconscient collectif est très étonné parce qu'il est touché dans son affect. Il réagit comme s'il n'avait aucune responsabilité dans ces chaos ! Rappelons, pour mémoire, le problème des supporters interdits de stade, et qui de leurs violences, prennent en otage le sport pour exprimer le mal-être contenu dans leurs vies quotidiennes ! Très nombreuses sont les personnes qui regrettent l'absence de leaders puisque chacun possède un égo sur-dimensionné, individualiste. Encore une vision étroite de la vision globale. Comment peut-il y avoir un leadership quand tout le monde veut être leader et que l'incompétence de certains dirigeants n'est plus à démontrer ? Il est possible d'observer ce phénomène dans les partis politiques, terreau fertile pour développer son observation. Le non-respect de simples règles démocratiques et éducatives fait que tout le monde désire être tête de liste (…) et c'est de là que naît l'anarchie. C'est cette même anarchie qui devient modèle entrepreneurial. Et malheureusement, on s'en inquiète lorsque l'enjeu économique vient déstabiliser les politiques. L'entreprise, qu'elle soit sportive, familiale, ou même religieuse, fait naître un modèle éducatif nouveau et multifonctionnel. En France, par exemple, les pères fondateurs de l'école républicaine ont de quoi se poser de vraies questions à l'ère contemporaine. Pourquoi ? Parce que l'affaiblissement du rôle des Etats-Nations a provoqué la désintégration du modèle socio-éducatif. La « délégimitisation » du pouvoir de représentativité dans l'employabilité ou le fonctionnariat, par exemple, l'incapacité créatrice d'innovations et la difficulté croissante d'exportabilité, font apparaître une pluralité fonctionnelle que seule l'entreprise d'aujourd'hui parvient à imposer dans le schéma mondialiste. Serions-nous en train d'assister, soudainement, à la professionnalisation de l'éducation ? Il va sans dire que l'éducation n'est plus, à l'heure actuelle, un acte de transmission. L'éducation est devenue, dans nos sociétés d'infor-mation, une activité interactive, puisqu'elle met en présence deux acteurs (l'apprenant et l'enseignant) et un facteur (l'environnement). Les premiers sont en interaction, et dans cet échange, chacun tente de mettre en adéquation ses propres stratégies et méthodes de constructions didactiques, selon des représentations respectives et des « feedback » de l'environnement. Ces nouveaux concepts impactent le développement personnel de l'apprenant qui se doit d'apprendre tous les jours et de façon permanente par une évaluation propre et personnelle.

La reconstruction des valeurs morales et éducatives fait appel au bon sens et au raisonnement de chaque individu. L'Etat ne peut pas et n'a pas le droit de se porter garant des normes éducatives car elles sont, depuis les origines, les socles même de toutes institutions morales. En réalité, il est de tout temps reconnu que le pouvoir appartient au peuple, et ce peuple, pris dans sa globalité, incarne le cœur de la Nation. Le peuple représente le gouvernement intérieur de la planète, et pris dans son individualité, il est un segment cohérent de la bonne marche de toute entreprise nationale et sociale. La nouvelle entreprise contemporaine n'est pas forcément une domination économique, mais elle fait apparaître des enchevêtrements qui nécessitent maîtrise, rigueur, respect et coopération. Quand l'entreprise éprouve le besoin de s'exporter, parce que le courant universel l'impose, elle se doit de maîtriser les ingrédients ou contenus qu'elle exporte dans ou vers un cadre étranger, défini à cet effet. Elle a aussi besoin de rigueur dans ses propres croyances. La fermeté dans des valeurs refuge est une plus-value inévitable qui donne à l'entreprise une coloration différente, car cette rigueur, dans la maîtrise, est force de vigueur, de santé, d'hygiène, de respect. Respect, car la différence peut être source de conflits et le non-respect de l'autre, sous des formes variées (pays, coutume, croyance, race,…) peut entraîner des dérapages démesurés que le politique voudra légalement contenir. Ces – éventuels – débordements seront soumis à un examen politico-législatif, alors qu'il suffit d'inviter le peuple à un réexamen de sa conscience éducative. Plus facile à dire qu'à faire dans le contexte actuel ! Quant à la coopération, elle requiert le respect de la différence avec tout ce qui vient avec. L'acceptation de la différence est une dynamique du respect, selon qu'elle est un déclencheur du progrès social et du développement individuel.

Faire du neuf avec du vieux !

Les modèles d'innovation sont nombreux. La création entrepreneuriale, à l'heure actuelle, est prise en otage entre l'exploitation et l'exploration. Exploitation, car il est difficile, aujourd'hui, à cause de l'étroitesse de l'esprit collectif, de rechercher quels sont les ingrédients qui permettront d'améliorer les performances. Exploration, car bien que des différences puissent exister dans les comportements entre hommes et femmes, chacun cherche et recherche, à partir de soi, jusqu'à découvrir l'objet de sa propre recherche. Cette quintessence de la Vie fait naître la différence entre le leader et l'entrepreneur. Fondamentalement, le leader a la capacité de faire faire. Il possède la vision du schéma, maîtrise le projet, ses perspectives, y compris la compréhension des questions de l'ordre de l'externalité. Le leader a une vision globale de l'avenir qui lui permet d'inscrire le projet dans du long terme. Quant à l'entrepreneur, il fait lui-même. Il est focalisé sur un produit donné, qu'à l'intérieur de son entreprise, de son environnement proche, et il va tenter de le faire vivre. L'entrepreneur est intimement lié au produit, tandis que le leader est dans des schémas théoriques. L'entrepreneur est un technicien. C'est un « manuel » par excellence. Son but et son action sont de mener le produit vers une destination précise : le consommateur. Il est davantage sur un schéma linéaire, alors que le leader est sur des verticalités qui peuvent s'étendre sur l'infini. Dans la caste des leaders, le dénominateur commun est celui du sens de la transformation, de l'évolution constante des choses. Et en politique ? Celui qui (entre)prend la route du pouvoir se dirige, inévitablement, vers la mise en place de schémas théoriques, par le biais du verbe et de la démagogie. Il va faire rêver ! Une fois le verbe « élu », il devient chef, leader, décideur, dirigeant, mais n'entreprend rien, car dépourvu de cette capacité innée qui caractérise tout entrepreneur digne de ce nom : savoir transformer un produit (social ou politique) pour l'amener vers un but : le peuple !

Pour rester dans le schéma socio-éducatif français, il existe deux matières excellentes pour repérer le leader : le Français et l'Education Physique. Pourquoi ? Le leader possède la maitrise de cette matière sur un plan très large : poétique, littéraire, structurel. Dans ce cas, il est un autodidacte. Cette matière le structure parce que l'aspect poétique aide le leader à développer l'imaginaire. Observons bien que les leaders ont un imaginaire surdimensionné. La littérature leur apporte une maîtrise et une constance du temps, car ce sont des personnes attachées à la Renaissance, aux époques bonapartistes. L'éducation physique est la matière qui fait travailler le plus le schéma corporel. Il rythme les attitudes, impulse des postures, parfait les mouvements, construit l'expression corporelle, affine la fibre du corps qui parle (body talk). Dans une matière existe tout ce qui aide à intégrer les choses, et dans l'autre, l'éducation physique ou sportive, la gestion du schéma corporel est à la base de la compréhension du système, du schéma et du projet. La géométrie, par exemple, permet de mieux expliquer son environnement. C'est donc l'ensemble des matières, chacune avec son principe, qui va apporter un socle pédagogique réel, manière de faire et d'évoluer. Et les réformes de notre système éducatif, ne visant pas l'excellence, elles continuent de carencer les jeunes esprits en encourageant la pédagogie du « looser » et de la radicalisation.

En définitive, le leader doit faire modèle. Il doit être capable de mener, de guider, de diriger et d'inspirer. Un bon leader, dans sa représentativité, doit porter des relents d'espérance, ce qui le différencie de l'entrepreneur qui est un architecte, un constructeur.

L'éducation commence à la base, et les étapes successives de cette formation en phases (famille, école, travail, religion et patrie) permettent d'évaluer, progressivement, l'impact qu'il peut ou pourrait avoir sur le développement du modèle sociétal. Il est important que les décideurs et concepteurs des méthodologies formatrices, en intime relation avec les institutions internationales, acceptent de redéfinir les « nouveaux » moyens visant à l'amélioration des systèmes éducatifs. La performance en matière de compétences et les stratégies d'impulsion permettraient, par exemple, de reconsidérer les cadres de la déperdition scolaire/éducation-nelle, tout en renforçant la qualité de la liberté de penser, de faire des choix intelligents et justes. Cette éducation, fondamentalement, favorise l'accès permanent aux savoirs et informations, et de participer à la vie de la cité. L'assise éducative devrait être la plus puissante des institutions pour, notamment, rectifier les inégalités sociales ; en particulier celles qui existent entre les hommes et les femmes. Force nous est de constater que dans de nombreux pays, l'élargissement de l'accès aux études a toujours été accompagné d'une baisse notoire de la qualité de la formation. Des facteurs, à la fois endogènes et exogènes, sont un frein à la qualité de l'apprentissage, facteurs multiples qui se découvrent dans des cadres inadéquats : manque d'enseignants réellement formés, utilisation des langues exclusivement « coloniales » et pas toujours comprises par les apprenants, puisque les langues véhiculent une historicité fondamentale respective et singulière, des enseignements trop éloignés des préoccupations culturelles nationales ou locales, des pédagogies inappropriées. La liste est bien longue.

A partir de ces défaillances systémiques, comment visionner le repérage des futurs leaders ou entrepreneurs du nouveau monde ? Faut-il refaire du neuf avec du vieux ? Ou bien, faut-il écraser tout simplement les actuels systèmes et façonner, d'une manière entrepreneuriale et visionnaire, le village global, en changeant le modèle de leadership et d'entrepreneuriat par un changement de nos modes de pensée ?

Les african digital natives et le nouveau modèle économique

Avez-vous l'impression d'être né dans un monde qui ne vous correspond pas ? C'est peut-être parce que vous êtes venu ici pour aider à en créer un nouveau.

Les mots positifs

Aujourd'hui, le monde change. Tout change. Les pensées changent. Les émotions et les sentiments changent. Les entreprises changent. La politique du monde change. Les équilibres changent. Les relations internationales changent. Nos entreprises évoluent et changent. Nos sociétés changent, et elles ont réellement changé, imposant un nouveau type d'apprentissage, de codification, de valeurs, d'évolution ou d'involution. Une géométrie récente et variable du monde s'est imposée, et l'entreprise se libère, s'adapte aux rythmes des nouvelles technologies. Dans cette numérisation du « nouveau » monde, l'Afrique et ses afro-descendants ont leurs mots à dire en termes de globalisation de l'économie, de l'échange et de l'entrepreneuriat.

Vers un entrepreneuriat émergent

La mobilité de la nouvelle génération d'entrepreneurs volontaires ouvre un champ bien plus vaste aujourd'hui pour la pratique des affaires et du business management. Dans cet extrême numérisation du monde des affaires, il est essentiel de penser la modélisation des modes de management pour mieux les adapter aux nouveaux schémas comportementaux de ces digital natives, cette nouvelle génération africaine XYZ (dont on parle peu !) de futurs décideurs, de commerciaux et de leaders économiques qui, déjà, façonnent le paysage continental et mondial. L'entreprise d'aujourd'hui est indéniablement entrée dans une nouvelle dynamique et l'arrivée de cette génération universalisée bouscule les codes, les habitudes managériales, les fonctionnements internes de ces entreprises commerciales ou même de services. La mobilité de cette génération d'entrepreneurs innovants, de startupers afro-antillais, l'évolution des encadrements corporate et des espaces de travail collaboratif, tous ces changements soudains supposent une pensée novatrice, rafraîchie, une vision moderne du monde, de nouvelles méthodes de pratiques managériales. On peut appréhender cette évolution de la pensée humaine et des comportements libérés dans les relations d'affaires, en considérant les interactions émergentes entre les peuples du monde : entrepreneurs Afro-Antillais, black investisseurs, bailleurs de fonds Africains, hommes et femmes d'affaires, sans distinction de race, de culture, de crédo, de dogme ou de croyance.

Comment l'Afrique émergente fait-elle face à ces nombreux défis technologiques et numériques ? Même si de nombreuses avancées sont remarquées, il reste encore tant à faire dans l'Afrique d'aujourd'hui, surtout, susciter le désir d'apprendre, puisque l'innovation technologique est aussi un catalyseur de croissance sur fond d'une éducation adaptée et spécifique. La jeunesse Afro-antillaise a une grande soif de technologie et ces nouveaux apprentissages offrent des opportunités lucratives. Paradoxalement, le retard qu'accuse le continent, à cause des innombrables freins à son développement, pourrait faire croire à un luxe inutile et improductif que sont ces nouvelles technologies exportées et financées. Les urgences classiques du continent et le surpoids de la numérisation dans le contexte actuel, posent la problématique de l'appréciation et du rôle de ces technologies dans le paysage continental africain.

D'un côté, il est demandé aux Antillais de penser « Européen », alors que les Caraïbes et ses spécificités sont géographiquement plus proches, et qu'il est possible de favoriser davantage d'importations et de coopération intra-caribéenne ! De l'autre, des pays Africains souffrant de retard, dirigés par des indéboulonnables nostalgiques du nombril, dominés par une croissance en dent de scie, et subissant cette numérisation envahissante. In-déniablement, l'Afrique, plus particulièrement, doit agir sur plusieurs axes technologiques. La sécurité informatique n'est pas des moindres, eu égard à la criminalité informatique pandémique qui sévit le continent, laquelle s'étend au-delà de ses frontières. L'ingéniosité de ces « business » interpelle sur cette équation progressive, puisque le crime informatique s'organise à partir des lacunes économiques et éducatives.

Les différenciations entre l'Afrique anglophone et francophone demandent une connaissance des particularismes continentaux en matière d'investissement. La jeunesse Afro-Caribéenne est un apport significatif pour le monde actuel. On ne peut pas parler de l'Afrique tout en occultant sa principale force : sa démographie. Alors, se pose une énième question : les sociétés Antillaises et Africaines, sont-elles capables de prendre en charge leurs destins ?

De l'investissement à l'entrepreneuriat interafricain

L'Afrique de l'Ouest connait un investissement important en provenance de divers pays africains. Cette manne financière libère le potentiel entrepreneurial des jeunes talents et startupers. Comment est-il possible de résoudre l'équation tradition et modernisme des TIC ? Le South Africa Wealth Report de 2017 dévoile qu'il y a plus de 160 mille millionnaires en Afrique, soit une augmentation, depuis les années 2000, de 145% environ. *« Le marché de l'Internet en Afrique est d'une valeur de plusieurs milliards de dollars. Pas étonnant que les géants technologiques comme Google et Facebook se battent pour améliorer l'accès Internet à des millions d'Africains. Google's Project Loon and Facebook's Free Basics ne sont que deux des nombreuses initiatives audacieuses pour connecter l'Afrique… Cependant, certains entrepreneurs africains intelligents font déjà des mouvements impressionnants pour conquérir le marché de l'accès Internet ».*

L'entreprise n'est plus une « habitation » fixe pour ces digital natives qui, désormais, imposent leur propre code au travail et sont de plus en plus mobiles, ultra-connectés. La nomadisation de ces nouveaux penseurs contraint à anticiper le développement et la gestion des investissements dans les matières commerciales du futur. Malheureusement, ces nouveaux entrepreneurs de l'axe Afrique-Antilles ne sont guère aidés. Les jeunes talents souffrent de cette absence de visibilité. Pourtant, ils parviennent à se déplacer, à voyager, à s'exporter, à s'expatrier. Ils choisissent les formations du futur. Nous l'avons dit : personne n'ose aller sur le terrain de l'éducation !

Et finalement !

L'immigration bilatérale Afrique-Antilles et Antilles-Afrique semble un nouveau défi pour la nouvelle génération ; mais aussi certainement pour les anciennes générations qui ressentent le désir intense de revenir sur la terre de leurs Ancêtres. Cependant, il est étonnant de constater que les querelles intestines entre Antillais et Africains existent principalement dans l'Hexagone ! Rarement à l'extérieur. Lorsqu'ils se retrouvent en Afrique, en visite ou installés, les Antillais sont très bien reçus et bien intégrés, car le peuple Africain, est par essence, un peuple accueillant, chaleureux, ouvert et plein de vie. L'Africain ne voit pas un Antillais, mais un « frère » comme lui-même. Aux Antilles françaises, les Africains sont généralement bien accueillis, même si certains Antillais sont encore réfractaires et aiment à se complaire dans des comportements indécents et haineux à l'encontre de leurs « frères » Africains. En d'autres termes, si certains ont fait la paix avec leur douloureux passé, d'autres demeurent encore figés dans le déni de leur propre Histoire, oubliant que les causes de ce mépris sont à rechercher dans la tragédie d'une certaine époque.

De l'Afrique vers le nouveau monde

Il est temps, aujourd'hui, de sortir du traumatisme de la vieille histoire. Les Africains déportés et qui étaient restés sur le continent Européen, avaient une vie particulièrement difficile. Aux Etats-Unis, ils étaient victimes de la ségrégation raciale. Pour lutter « contre l'accaparement des terres coutumières par les Européens », se tint à Londres, en 1900, au moment de l'exposition coloniale, la première conférence panafricaine qui allait réunir tous les Africains du Continent. Cette conférence, impulsée par Henry Sylvester Williams (originaire de Trinidad et avocat en Angleterre) qui avait établi des relations très étroites avec les noirs Africains de Grande-Bretagne, fut le déclencheur du panafricanisme. Cette solidarité panafricaine cherche encore aujourd'hui sa route, même si les pivots sont déjà établis. En 1963, le projet de Nkrumah de mettre en place les Etats-Unis d'Afrique avec une banque centrale africaine, une monnaie africaine et une armée panafricaine n'a pas pu se concrétiser. A la place des Etats-Unis d'Afrique sera créée l'Organisation de l'Unité Africaine (OUA).

Antillais et Africains ne doivent surtout pas oublier leurs véritables Histoires identitaires. Si l'Afrique est la mère de toutes les civilisations et de l'humanité, l'Antillais, lui, possède cette particularité de vivre avec une espèce de « créolité » due à une partie de sa propre histoire caribéenne. La question de l'identité noire ne se pose pas de la même façon, que l'on soit Africain, Afro-américain, Afro-caribéen, ou même Antillais. Si l'assimilation a été particulièrement forte dans les colonies françaises, l'Africain semble celui qui a le moins d'interrogations vis-à-vis de son identité. Pourquoi ? Parce que c'est celui qui a été le moins marqué par le métissage. En Afrique, seule l'ethnicité différencie les individus. La réalité qui trouble, c'est que quand on est « étranger » chez soi, on se rapproche sur la terre des autres. C'est le cas, lorsque des Antillais semblent distants les uns des autres chez eux ! Quand ils se retrouvent en France, ou en Belgique, par exemple, ils se rapprochent tout naturellement. Ce rapprochement, dure-t-il pour autant ? Si oui, combien de temps ? L'éloignement ou le déracinement semblent un moteur de rapprochement en terre étrangère. Ce schéma est le même pour l'Africain. Chez lui, il se définit de telle ou telle ethnie. Quand il arrive en France ou aux Etats-Unis, il est Camerounais, Togolais, Sénégalais, Black ou Noir. Terminé l'aspect de l'ethnicité ! Dans ce cas, pourrions-nous espérer un retour des Antillais chez eux, en Afrique ? La question peut faire sourire ou faire faire un bon de kangourou. Même s'il n'existe pas, aujourd'hui, de statistiques fiables précisant le nombre d'Antillais vivant en Afrique, il y a, cependant, des communautés Antillaises vivant au Gabon, au Sénégal, au Togo, en Côte d'Ivoire… Si nous avions la certitude que les îles de Martinique et de Guadeloupe venaient à disparaître, quel choix juste feraient les originaires de ces îles ? Retourner sur la terre des anciens maîtres, choisir le retour chez soi, ou émigrer vers des terres inconnues ?

► ◄

« Je parle de millions d'hommes arrachés à leurs dieux, à leur terre, à leurs habitudes, à leur vie, à la danse, à la sagesse. Je parle de millions d'hommes à qui on a inculqué savamment la peur, le complexe d'infériorité, le tremblement, l'agenouillement, le désespoir, le larbinisme (…). Car j'accepte mes origines, mais que vais-je en faire ? La voie la plus courte est celle qui passe par l'approfondissement du passé. »

Aimé Césaire

« Notre destin nous appartient. Il est riche d'opportunités, comme nous sommes riches de convictions »
Elie Nkamgueu

Notes

Table

Editions K&AA
@ kaaedit7@free.fr
ISBN 978-2-9527009-6-2

www.ingramcontent.com/pod-product-compliance
Lightning Source LLC
LaVergne TN
LVHW022318080426
835509LV00036B/2637